LETTRE

D'UN

Sur le Projet de la Loi relatif à la Presse.

PAR H. J. M. DE L....

TOURS.
IMPRIMERIE DE MAME.

1827.

LES uns liront cet opuscule avec un souverain mépris, ce sont les libéraux, les autres avec humeur, ce sont les gens pour lesquels je professe la plus haute estime ; ceux-ci d'un air dédaigneux, ce sont les prétendus savans ; ceux-là d'un air d'indifférence, ce sont les ministériels. A qui donc plairont ces lignes ? A personne peut-être, et la raison en est simple, c'est qu'elles contiennent la vérité. J'aurais pu les rendre plus désagréables encore, si j'en avais eu le tems ; il ne fallait qu'y mettre quelques vérités de plus.

> L'homme est de glace aux vérités,
> Il est de feu pour le mensonge.

Étrange condition de l'espèce humaine qui ne saurait souffrir qu'on lui présente le miroir dans lequel elle pourrait contempler ses misères.

Je suis fâché d'être venu si tard ; mais je le dis en toute sincérité , ce sont les discours que j'ai lus contre le projet qui seuls ont déterminé ma conviction. A 80 lieues de Paris on ne saurait saisir l'à-propos.

On va peut-être conclure de ma déclaration que je suis possédé de la manie de contredire ; je le veux bien ; mais qu'on pèse ce que je dis. Au surplus ceux qui me connaissent , n'ignorent pas que personne plus que moi ne se pique de suivre la maxime que l'orgueilleux Jean-Jacques avait prise pour devise :

Vitam impendere vero.

LETTRE

D'UN PROVINCIAL

SUR LE PROJET DE LA LOI RELATIF A LA PRESSE.

En vous quittant, mon ami, j'éprouvais un double regret : celui de ne plus jouir du charme de votre conversation, et celui de n'être pas témoin des débats animés que nous promettait la discussion de la loi de la presse.

En effet, tout Paris se prononce pour ou contre le projet; aucun individu ne reste indifférent dans cette cause, comme s'il s'agissait du salut du royaume ; et c'est au nom de la morale, de la justice, de l'honneur, du dévoûment au trône, de l'amour de la religion, des plus nobles sentimens enfin que chacun l'attaque ou le défend. Lesquels faut-il donc croire des adversaires ou des approbateurs du projet ? Tous invoquent également et le Trône, et la Patrie, et la Religion, et l'intérêt de l'État, et celui de la morale, et celui de la liberté. Si parmi les adversaires de la loi je trouve les noms les plus honorables, je n'en trouve pas de moins dignes de vénération parmi ceux qui la défendent; et si quelques noms suspects élèvent, dans cette circonstance, leur voix en faveur des ministres, des noms plus suspects encore élèvent aussi la leur contre le projet. Comment donc prendre un parti dans cette affaire, moi, pauvre provincial qui n'entends rien à la politique, qui ne connais que le Drapeau Blanc et les Bourbons, et qui veux par dessus tout le triomphe et le maintien des descendans de Saint Louis sur le trône de leurs Pères? Pendant mon séjour à Paris, j'ai tant entendu parler de la presse, de la liberté, de la licence, dans tous les salons; j'ai vu tant de déchaînement contre les ministres; j'étais si fort étourdi par les argumens que les meilleurs royalistes me faisaient valoir contre le projet du ministère, que j'ai dû me ranger du parti de ceux qui désiraient voir la chute de ce projet; mais depuis que je suis de retour dans le fond de ma province, les objets ne se présentent plus à moi sous le même aspect; et c'est surtout depuis que j'ai lu les discours prononcés à la tribune pour ou contre le projet que mon opinion est entièrement changée. Les illusions de la capitale ne me fascinent plus les yeux, et je ne suis plus séduit maintenant par les bons mots, les saillies aimables, quelquefois même les raisonnemens passionnés des plus redoutables adversaires des ministres, je veux dire les dames de votre excellent **F. B. St. G.**

Vous me direz sans doute, mon ami, que voilà de bien légères, de bien futiles excuses pour une aussi complète apostasie. Je vous l'accorde volontiers et vous laisse tout le plaisir de me comparer, sous ce rapport, à l'un des *Publicistes* qui partagent votre animosité contre la loi; mais vous me permettrez seulement de vous faire observer que je ne prétends point attribuer en entier mon changement à ces causes : non, elles ne sont qu'accidentelles. Souvenez-vous d'ailleurs de toute la peine que vous avez eue à me faire adopter vos idées à ce sujet; souvenez-vous que je les ai long-tems combattues soit à votre table où l'excellence de votre cuisinier ne vous donne peut-être pas moins de partisans que M. de V.... n'en obtient (à ce que je vous entends toujours dire) par l'excellence du sien, soit dans les salons où vous avez bien voulu me présenter. Enfin souvenez-vous que si j'ai fini par me ranger à votre avis, ce fut plutôt de guerre lasse que par conviction. Ainsi, mon ami, bien loin d'avoir apostasié, je suis tout simplement *revenu à mes moutons*, et je ne vois pas qu'il y ait si grand mal.

A la bonne heure, entends-je d'ici s'écrier la spirituelle madame de.... , mais encore un provincial, tout provincial qu'il est, quand nous l'avons admis dans nos cercles, quand nous avons pris la peine de lui faire comprendre qu'il n'est rien au monde de plus monarchique, de plus royaliste que de s'unir à ceux qui ne passent ni pour royalistes, ni pour monarchiques, afin de renverser un projet de loi que nous avions cru nécessaire il y a six mois, mais que nous jugeons inutile aujourd'hui parce que c'est M. de P. qui le propose ; ce provincial devrait au moins motiver son étrange défection. Eh! bien soit, Madame, je la motiverai cette étrange défection; et je crois que ma tâche sera moins difficile que celle de quelques hommes que j'aime, que j'admire, que je vénère, mais que leur préoccupation me semble avoir étrangement fourvoyés.

Je ne voudrais pas me traîner péniblement sur les traces des orateurs qui sont montés à la tribune pour défendre le projet, et dire fort mal ce qu'ils ont dit fort bien; ainsi je serai contraint de prendre une autre route qu'eux; peut-être n'en arriverons-nous pas moins au même but.

Dites-moi d'abord, mon ami, vous croyez-vous bien certain vous-même qu'il ne s'agit point ici d'une guerre contre les porte-feuilles et que tous les membres de l'opposition (je ne veux parler ici que de l'opposition de droite, car l'autre opposition fait son métier et j'espère bien qu'elle succombera à la peine), croyez-vous dis-je que tous les membres de l'opposition ne soient unis que par le désir d'être utiles à la monarchie? Oseriez-vous bien l'affirmer? Je sais que la réponse est délicate, difficile quand il s'agit d'interpeller les noms; je le ferais, moi, s'ils m'étaient aussi connus qu'à vous; mais ne parlons ici que d'un seul de ces noms auquel on n'a pas manqué de faire allusion à la tribune. Pensez-vous qu'il y aurait beaucoup d'injustice à lui appliquer le *manet alta mente repostum?* M. M.... est à mes yeux un excellent homme, un vertueux citoyen, et qui mieux est, un fidèle royaliste; mais peut-on le blâmer beaucoup de s'être souvenu de l'espèce de siège qu'il a dû soutenir chez lui dans une occasion mémorable? Le cœur humain n'est-il pas toujours un peu faible, même chez les hommes les plus courageux, et ne vous souvient-il pas de cet adage : *homo sum et nihil humani a me alienum puto?* Son opinion a donc du se laisser dominer par son ressentiment contre M. de V...... Choisissons un autre exemple; ils abondent ici.

Un homme d'une grande probité, d'un grand savoir, doué d'une rare éloquence, et qui consacra jadis sa vie, sa fortune et ses soins au service de nos princes exilés, s'est prononcé contre le projet avec une énergie d'expression qu'il ne mériterait pas fût-il aussi condamnable, aussi contraire *aux intérêts de l'humanité* que l'honorable député le prétend. D'où peut donc venir dans un homme de bien ce langage insolite d'une véhémente indignation? Les ministres ont-ils trahi le Roi? Veulent-ils nous ramener la terreur de 93? Sont-ils de nouveaux conventionnels? Non; ils sont bien pis que tout cela, car ils sont Jésuites, et si l'honorable député n'a pas prononcé ce nom, du moins tout son discours fait-il assez connaître, que c'est-là sa véritable pensée. Les ministres sont dominés par la congrégation, et la congrégation ce sont les Jésuites. *Indè iræ*, voilà le véritable mot de l'énigme. L'ancien chef de l'instruction publique ne saurait pardonner aux ministres de laisser aux pères de famille la liberté de faire élever leurs enfans par qui leur plaît, et je trouve tout au moins singulier que quand on réclame si fort la liberté pour les siens, on ne veuille pas la laisser aux autres.

Vous parlerai-je maintenant, mon ami, de l'une des gloires de notre siècle dont on fait sonner le nom bien haut dans cette affaire? Hélas! je n'en ai pas le courage. La noblesse de son caractère, la sublimité de son talent, l'amour profond que je lui porte, tout m'interdit de vous en entretenir; mais si la vérité, si la conviction dicta son éloquente lettre, la singularité de sa position vis-à-vis du ministére ne peut-elle faire naître des soupçons dans d'autres esprits que le mien?

Ainsi donc, en prenant les uns après les autres les noms des opposans, nous découvrirons toujours quel motif les dirige, et ce motif ne sera pas celui qu'ils proclament à la tribune. Il serait trop singulier que le moyen de consolider la monarchie fût précisément le même que celui que chaque jour nous voyons invoqué, je puis dire avec une espèce de fureur, par les hommes que nous savons bien ne pas aimer la monarchie. Et je parle ainsi, mon ami, parce qu'ici nous ne sommes point à la tribune où l'on est convenu de se regarder tous les uns les autres, comme ayant les mêmes droits au titre de sujet fidèle et dévoué; mais entre nous, nous savons trop à quoi nous en tenir, et quand je ne connaîtrais pas d'une manière positive quelques uns de ces écrivains turbulens, calomniateurs, propagateurs d'idées révolutionnaires, les soins qu'ils prennent de soutenir les révoltés de tous les pays, de tous les tems et de tous les lieux, l'ardeur avec laquelle ils défendirent les régicides contre la loi du 12 janvier 1816, l'amour, la vénération qu'ils ne cessent de professer pour l'homme qui fit peser pendant dix ans son sceptre de fer sur la France, enfin leur fureur contre une société célèbre, suffiraient pour ne me laisser aucun doute sur leurs projets futurs. Ils demandent la liberté de la presse ; donc cette liberté doit être défavorable à la monarchie, et je suis bien certain qu'eux-mêmes ils en pensent ainsi.

Un autre orateur, d'un caractère également honorable, mais qui ne se distingue pas par autant d'éloquence que le vertueux R.-C., a voté contre le projet. Je cherche encore ce qu'il a voulu dire, et les bonnes raisons qu'il a données. Quand on a lu son discours, il n'est guère possible de ne pas s'écrier : *Sunt verba et voces, prætereaque nihil.* Mais celui-là encore n'aime pas les Jésuites, et je me souviens qu'un jour, en apprenant la nomination d'un saint personnage au trône Épiscopal, il ne pût s'empêcher d'en témoigner tout son chagrin. Je me récriai contre l'amertume de ses sarcasmes qui me paraissaient injustes, car depuis vingt ans je connaissais le saint Pontife, et je l'avais toujours vu dévoré de zèle pour le service de Dieu, de respect et d'attachement pour nos Princes malheureux, enfin d'amour pour l'humanité : mais M... ne se rendit point au tableau que je lui fis des vertus du vénérable Prélat, et quelques momens après je ne pus douter que l'éloignement de M... pour le bon Evêque ne vint de l'appui que celui-ci prêtait aux Pères de la foi. Je vous le répète, mon ami, si je connaissais aussi bien le monde de Paris que celui de ma tranquille province, il n'est pas un de vos opposans en qui je ne découvrisse facilement un motif particulier de rejeter le projet; et ce motif, on le décore pompeusement du beau nom d'amour de la liberté, de l'industrie, des arts et du commerce.

Mais depuis quand donc ces Messieurs sont-ils devenus de si grands partisans de l'industrie et du commerce? Naguère encore ils ne voulaient que des propriétaires, et tout au plus quelques négocians pour acheter leurs denrées. Savez-vous bien que leur amour pour le commerce ressemble fort à celui qui s'est si subitement emparé de nos libéraux pour les Rois depuis qu'il est question de Jésuites. Ces Tartufes de nouvelle espèce ne veulent point de Jésuites, disent-ils, parce que les jésuites prêchent l'assassinat des Rois. Eh! Messieurs les libéraux, si votre accusation était fondée, vous vous garderiez bien de la mettre en avant, et les Jésuites seraient vos meilleurs amis. N'avez vous pas, en effet, élevé mille fois vos voix suppliantes en faveur des Régicides relaps? De combien de touchans panégyriques les colonnes de vos journaux n'ont-elles pas été remplies pour *ces vieillards innoffensifs*, la gloire de la France, errans autour de nos frontières, et tendant leurs mains suppliantes vers la patrie que leurs talens et leurs vertus avaient honorée? Est-ce que la loi du

12 janvier ne les avait pas à jamais exilés ? Étaient-ils moins coupables que la société tout entière des jésuites, qui, dans le fond, n'a fait assassiner personne ? Et quand la bonté de Louis XVIII a permis à plusieurs des bourreaux de sa famille de rentrer sur le territoire de la France qu'ils avaient rougie du sang innocent, ferez-vous un crime à son frère de permettre à quelques religieux de se dévouer à l'enseignement, à la prédication, aux bonnes œuvres, parce que les règles de leur discipline intérieure sont les mêmes que celles d'une societé qui fut injustement abolie ? Tenez, mon ami, quand je songe à tout cela, quand je vois tant d'hypocrisie, quand je vois tant de dupes qui s'y laissent prendre, mon caractère si naturellement pacifique se révolte d'indignation, et je serais presque tenté de dire avec un orateur du centre que la loi n'est point encore assez forte.

Vous niez l'influence des journaux !... Mais vous, n'avez-donc jamais vu, même en passant, une ville de province ? Vous ne savez donc pas qu'on y reçoit son opinion toute faite de Paris ? Est-ce qu'avant les diatribes du *Constitutionnel* et du *Courrier* contre les Jésuites tout le monde ne professait pas pour cette société célèbre, sinon de l'attachement, au moins un grand respect ? Et maintenant, qu'en pensent nos habitués de cafés, de tavernes, de cabinets de lecture ?

Ce qu'ils en pensent...., Si je vous le disais, vous ne le croiriez pas, et vous me diriez que j'exagère; mais je puis vous attester, au nom de tout ce qu'il y a de plus sacré, que j'ai de mes propres oreilles entendu non pas une, mais vingt personnes, non pas une seule fois, mais dans toutes les occasions, dire qu'il faudrait brûler tous ces gredins-là....., les pendre, les noyer, les écarteler, les réunir tous en masse et les faire sauter avec quelques milliers de poudre. C'est de la folie, me direz-vous; j'en conviens, mon ami, mais cette folié est partagée par tant de monde, on l'exprime si souvent, qu'il est bien permis de craindre qu'elle devienne contagieuse et finisse par être une erreur d'actions, au lieu de n'être qu'une absurdité de paroles.

Autrefois, c'est-à-dire avant les déclamations furibondes des journaux libéraux, excepté quelques hommes qui s'adonnent à l'étude de l'histoire, la masse des lecteurs ignorait cet arrêt tant cité du parlement, en 1764, qui renverse la société des Jésuites. Si l'on s'en occupait quelquefois, c'était uniquement par le souvenir de quelques mauvaises plaisanteries de Voltaire et de quelques écrivains licencieux. Quant aux hommes sages, sensés, réfléchis, ils n'ignoraient point que d'Alembert lui-même avait fait l'éloge des Jésuites et surtout de leurs mœurs. Ils savaient que le chancelier Baron, dont le nom est bien une autorité dans cette affaire, avait dit que l'éducation ne saurait être confiée en de meilleures mains que celles des disciples de St. Ignace; enfin ils connaissaient les services immenses que cette société célèbre avait rendus aux lettres, aux sciences, aux arts, au commerce, à l'agriculture, à la géographie, en un mot à toutes les branches de l'intelligence humaine. Montesquieu avait fait leur éloge en citant leur établissement du Paraguay; mais avec toute l'insigne mauvaise foi qui caractérise les écrivains des journaux libéraux; ces Messieurs, en parlant des Jésuites, se sont bien gardés de citer ce que les philosophes eux-mêmes ont souvent dit en leur faveur. Par exemple, ils ont beaucoup parlé de l'affaire du Portugal; mais ils n'ont pas dit que le marquis de Ponbal, lié depuis long-tems avec la secte encyclopédique, avait, de concert avec elle, travaillé sans relâche à la destruction du christianisme, but avoué maintenant, ou du moins qu'on ne saurait nier aujourd'hui, des travaux des philosophes du dix-huitième siècle, et que, pour parvenir plus sûrement à ce résultat, il fallait commencer par écarter le plus formidable obstacle que l'on eût à surmonter, la société de Jésus. Elle tomba, cette société puissante, sous les coups de ces deux implacables adversaires, la philosophie et le Jansénisme, et sa chûte fut le prélude de notre révolution. Ces prêtres si redoutables qui menaçaient de tout envahir, qu'on représentait comme si dangereux et par leur nombre et par leurs talens, et par leurs richesses, et par leur pouvoir occulte et par leur crédit, ces prêtres apprennent un matin qu'ils sont détruits, et chacun d'eux, son bréviaire d'une main, sa croix dans l'autre, s'éloigne en silence sans laisser même échapper un murmure ! Les voilà, ces hommes si décriés, ces ennemis des rois!.... Vingt-quatre ans plus tard, une occasion se présente de venger leur injure et de mettre en pratique les maximes qu'on leur attribue. Ils vont sans doute se hâter de la saisir; ils vont porter le fer de la vengeance dans le sein de leurs ennemis ; ils vont bouleverser la société, fouler aux pieds les diadêmes des rois, briser les trônes et régner enfin dans les lieux d'où les avaient exilés le dévoûment aux rois et le zèle des bonnes doctrines ! Ils vont enfin se faire connaître pour ce qu'ils sont !... Eh ! bien oui, ils vont se faire connaître; le peu d'entre eux, qui survit encore au désastre de ses compagnons, s'élance dans l'arène et combat avec toutes les forces qui lui restent en faveur du trône et de l'autel. Seuls ils font entendre leur voix généreuse pour défendre la majesté royale et la religion; et leurs ennemis que font-ils cependant ? Jansénistes et philosophes, tous ou presque tous se vautrent dans la fange révolutionnaire, et plus tard se baignent dans le sang des gens de bien. On ne voit pas un jésuite, pas un de leurs partisans adopter les maximes révolutionnaires, tandis que leurs plus fougeux ennemis se montrent en même tems les plus fougueux jacobins : et l'on vient aujourd'hui tenter d'empoisonner encore la population par des calomnies contre les jésuites ! Et l'on aurait tort de vouloir imposer silence aux journaux qui pervertissent à ce point l'opinion publique !... Mon ami, vous n'y pensez pas; je n'y pensais pas moi-même quand je me suis laissé quelques instans entraîner par vos argumens.

Vous avez beau vouloir vous en défendre, mon cher de...., ce n'est ici qu'une question de personnes, et je crois vous avoir démontré que sous ce rapport les approbateurs ne portent pas des noms moins respectables, moins chers à la loyauté française que les ennemis du projet. Il s'agit donc de savoir si ce projet est nécessaire, s'il est convenable et s'il est efficace. C'est toujours là qu'il faut en revenir. Quant à ces deux dernières questions, je n'ai ni le tems ni la volonté de les traiter, et d'ailleurs je sens trop mon incapacité; mais pour la première, il me sera bien permis, je crois, de dire et de prouver que rien, en ce moment, ne merite davantage de fixer l'attention de nos députés, car la société, ce n'est point une exagération, est véritablement en péril par l'insuffisance des lois à l'égard de la licence effrénée de la presse.

A Paris, au milieu du tourbillon d'affaires qui vous entraînent, vous ne sauriez concevoir tout le mal que font chaque matin, à leur arrivée, les feuilles de la capitale. Elles réveillent toutes les haines, toutes les dissensions; nos jeunes gens ne peuvent pas voir un prêtre sans l'insulter, en parler sans les maudire mille fois. Depuis la mort de Talma, depuis ces révoltantes funérailles plus dignes d'une horde de barbares que d'une nation qui vit naître dans son sein Pascal et St. Vincent de Paul, on ne se plaint plus de n'être pas enterré par un prêtre; on veut au contraire écrire dans son testament qu'on lui défend d'approcher même de sa maison après sa mort. Si pressé par le raisonnement d'un homme qui ne craint pas d'avouer qu'il est chrétien, un de nos coryphées de taverne, qui puise chaque matin sa science de 24 heures dans un journal libéral, confesse qu'il existe un Être Suprême et qu'il faut une religion; ce ne sera pas de la religion de ses pères qu'il voudra, c'est de la première venue pourvu qu'elle n'ait ni pape, ni évêques, ni ministres. Tout ce qu'il peut vous accorder, à la rigueur, c'est de se faire protestant, parce que les protestans seuls sont *tolérans* et raisonnables. Et qui lui a dit qu'on ne trouvait de tolérance que dans le protestantisme ? Le Constitutionnel et le Courrier.

Parlerai-je de la haine contre la noblesse, contre les préposés du pouvoir, contre toutes les mesures bonnes ou mauvaises que prend le gouvernement du Roi? C'est dans les journaux que chaque matin l'on apprend à s'entretenir dans cette haine. En vain l'avancement dans l'armée, pour les sous-officiers, est-il infiniment plus rapide qu'il ne le fut jamais sous Buonaparte, malgré l'effroyable consommation d'hommes qu'il faisait tous les ans; il suffira de l'admission d'un seul élève de l'école militaire portant la fatale particule devant son nom, pour qu'à l'instant même, tous nos bourgeois, régentés par leur journal, s'écrient : Encore de la faveur! Toujours la noblesse.... Voilà bien la domination des prêtres. — La domination des prêtres ! mais où donc estelle cette domination ? Je la cherche partout et ne la trouve nulle part. Si nos églises sont pleines, croyez-vous que ce soit de magistrats, d'administrateurs, de militaires ? Non, non, non mille fois non. Ceux qui les fréquentent les églises, sont de pauvres et tranquilles citoyens, étrangers aux affaires politiques, sans ambition; et qui vont prier Dieu dans le calme du silence et de la retraite pour eux-mêmes et pour leur Roi, car ce n'est que là qu'il y a des rou-

listes. Quant aux administrateurs, quant aux militaires, sans doute ils vont à la messe, mais comme ils iraient à la parade ou bien à quelque cérémonie. Le commissaire-général de police Dubois allait aussi à la messe; un préfet, celèbre par son esprit et l'emploi qu'il exerça depuis dans la librairie, allait aussi à la messe tous les dimanches; on ne le taxait point alors d'hypocrisie; il faisait, dit-on, son devoir : savez-vous pourquoi ? c'est que c'était Buonaparte qui l'ordonnait. Cela n'empêchait point ce préfet de dire, dans l'intimité d'un petit nombre d'amis : c'est mon habit qui va à la messe, et non pas moi, car je ne crois pas un mot de religion. (Si vous êtes curieux de connaître le nom de ce préfet, mort au reste depuis long-tems, vous le trouverez dans la liste des préfets de I. et L.). Aujourd'hui, mon cher de...., pour que nos libéraux pardonnent à un préfet de l'être, il faudrait que ce préfet commençat par déclarer hautement qu'il n'est point Catholique, Apostolique et Romain, quoique ce soit la religion de l'état; ensuite que les ministres n'ont pas le sens commun, et que ce qu'il y a de mieux à faire, c'est de ne pas leur obéir; puis enfin, que l'on ne trouve de bon sens, de raison et de justice que dans l'opposition de gauche. Mais dès l'instant qu'un préfet entend la messe, il est bien convenu qu'il ne peut être qu'un Jésuite, un émissaire de la congrégation, et conséquemment un homme à pendre.

Oui, quoiqu'en ait dit un orateur, il y a quelque courage à s'avouer aujourd'hui Catholique, Apostolique et Romain; il y en a même à se dire tout simplement chrétien, car, grands et petits, riches et pauvres, employés ou non employés, tout lecteur du Constitutionnel est un homme qui méprise souverainement la religion de l'état. Croyez-en mon expérience, mon cher ami; croyez-en mes observations. Je viens de parcourir toute la France; je suis entré dans tous les rangs, dans toutes les classes, dans tous les lieux publics, partout j'ai vu l'opinion pervertie par les journaux, et je n'aurais pas cru moi-même que cela pût être à ce point, si je n'avais entendu le soir dans les salons, dans les cafés, dans les spectacles, nos oisifs de petites villes répéter mot pour mot ce que j'avais lu le matin dans les journaux. Et cet enthousiasme pour la cause de la Grèce, à qui l'a-t-on dû? N'est-ce pas aux journaux; n'est-ce pas aux écrits publiés en faveur de ces malheureuses victimes de la barbarie musulmane? Ils ont bien fait, sans doute; mais qu'on ne vienne donc point nier la puissance des journaux sur l'opinion, et dire qu'ils la trouvent toute faite. Essayez d'envoyer la Quotidienne dans une ville, à l'exclusion de tout autre journal, et vous verrez si, dans quelques années d'ici, le nombre des royalistes n'y sera pas sensiblement plus grand.

Mais au reste, ne vous souvient-il plus, mon ami, des tems qui précédèrent le consulat ? Les journaux d'alors avaient réveillé l'opinion royaliste, qui se fortifiait d'ailleurs de toute la haine que l'on portait aux directeurs (que quelquefois on prenait la liberté de comparer à des ânes); et nos cinq Rois tremblans pour leurs trônes éphémères se hâtèrent de baillonner la presse.

Il me reste, mon ami, le dernier de mes argumens à vous présenter ; vous n'aimez pas les ministres ; les libéraux ne les aiment pas non plus ; vous désirez tous de les voir renversés, et quelques-uns de vos orateurs ont même dit, si je ne me trompe, que l'adoption de la loi devait amener cet infaillible résultat. Dans ce cas, mon cher De . . . . . , pourquoi combattre davantage ? Laissez périr le ministère puisqu'il le veut ; et ne soyez pas plus soucieux de sa conservation, vous son ennemi, qu'il ne paraît l'être lui-même. Craignez-vous que le renversement du ministère amène un bouleversement dangereux ? Eh ! quoi, mon ami, vous royaliste, vous sujet dévoué, vous penseriez qu'en renversant le ministère, le trône du Roi courrait quelque danger ! L'esprit public serait donc bien mauvais ; il aurait donc bien changé depuis la restauration qui vit, à peu d'exceptions près, toutes les opinions, tous les sentimens se réunir dans l'amour du Roi ! disons la vérité, mon ami, car encore une fois nous ne sommes point à la tribune. Oui l'esprit public est changé ; ne trompons pas ce Roi si digne de notre amour : une effrayante opposition, qui n'est pas seulement dirigée contre le ministère, se fait sentir de toutes parts ; elle a pénétré dans *tous* les rangs, grâce aux déclamations des journaux, grâce aux livres impies qu'on a fait circuler avec tant de profusion depuis sept ou huit ans. Un député me dira vainement qu'il n'a pas vu ces livres dans les deux arrondissemens qu'il vient de visiter. Je lui répondrai, comme celui de ses collègues qui jadis établissait des commissions militaires contre les femmes, je lui répondrai dis-je, le calcul à la main : où sont donc passées ces innombrables éditions des Voltaire, des Dupuy, des Volney, des Rousseau, et de tant d'autres ? Que sont devenus tous ces abrégés où l'histoire, perfidement altérée, ne présente plus au lecteur que des calomnies et de trompeuses réflexions au lieu de la vérité ? Qu'a-t-on fait de ces esquisses et de ces tableaux qui révoltent l'honnête homme, moins encore par les mensonges qu'ils contiennent et l'art perfide sous lequel ils sont présentés, que par l'étrange impudence de l'écrivain qui devrait cacher son nom dans les entrailles de la terre plutôt que d'en souiller la presse. C'est encore un ennemi des Jésuites.... Osera-t-il dire aussi que c'est parce qu'ils assassinent les Rois !

Mon ami, sous le règne glorieux du grand Monarque, la magistrature exerçait une censure sévère sur la presse. En a-t-elle produit moins de chefs-d'œuvres? Voudriez-vous compter ceux que l'on doit aux tems où la presse a joui de toute sa liberté? Étouffer le génie, enchaîner la pensée, faire reculer la civilisation......, grands mots qui ne signifient rien. Sous nos Rois nous avons rempli l'univers d'admiration par notre gloire littéraire. Je ne connais pas un ouvrage valant la plus mince comédie de Molière, la plus pauvre pensée de Pascal, le plus mauvais discours de Bossuet, la moins estimée des tragédies de Racine, que l'on doive précisément à la liberté de la presse. Que lui doit-on donc?... Des pamphlets politiques, tous propres à aigrir les passions; des calomnies contre les individus; le travestissement de l'histoire; des moralités irréligieuses et des livres obscènes. Si c'est pour cela que vous et vos amis la soutenez avec tant d'ardeur, je ne reconnais plus en vous des amis du Roi.

Mais vous ne voulez pas la licence; vous demandez aussi, dites-vous, qu'on réprime les abus, alors, au lieu de ces critiques amères, de ces suppositions gratuites, de ces déclamations sans objet, quand elles ne sont pas personnelles, que ne présentez-vous un projet meilleur que celui des ministres ?

Dans le tems où *l'ami du peuple* soulevait la masse de la nation contre l'autorité souveraine, on disait aussi que Marat ne faisait qu'exprimer l'opinion existante. Cette assertion était aussi fausse que celle d'aujourd'hui ; cependant je veux la supposer vraie : faudra-t-il donc céder à cette opinion ? Non, mon ami ; parce qu'une erreur, quelque soit le nombre de ceux qui la professent, est toujours une erreur. *Stultorum infinitus est numerus ;* c'est un adage des plus vrais. La multitude doit être gouvernée, pour son propre intérêt, par un petit nombre de sages ; et le pilote qui prend les avis de tous les passagers du vaisseau qu'il est chargé de conduire, surgit rarement avec bonheur au port.

Adieu, mon ami : la précipitation avec laquelle je vous écris s'apperçoit aisément : elle me fait négliger une foule d'idées, de considérations, de développemens, que je pouvais traiter ; mais je n'ai que le tems de vous dire *vale*, persuadé que votre anti-ministérialisme ne vous a point fait oublier notre ancienne devise : *semper et ubique fidelis.*

www.ingramcontent.com/pod-product-compliance
Ingram Content Group UK Ltd.
Pitfield, Milton Keynes, MK11 3LW, UK
UKHW021038200726
13857UKWH00005B/1797